DRAUSSEN LANDSCHAFTEN MALBUCH FÜR ERWACHSENE

Copyright © 2021 Katrin Stark

ALLE RECHTE VORBEHALTEN

Dieses Buch gehört:

FARBTESTSEITE

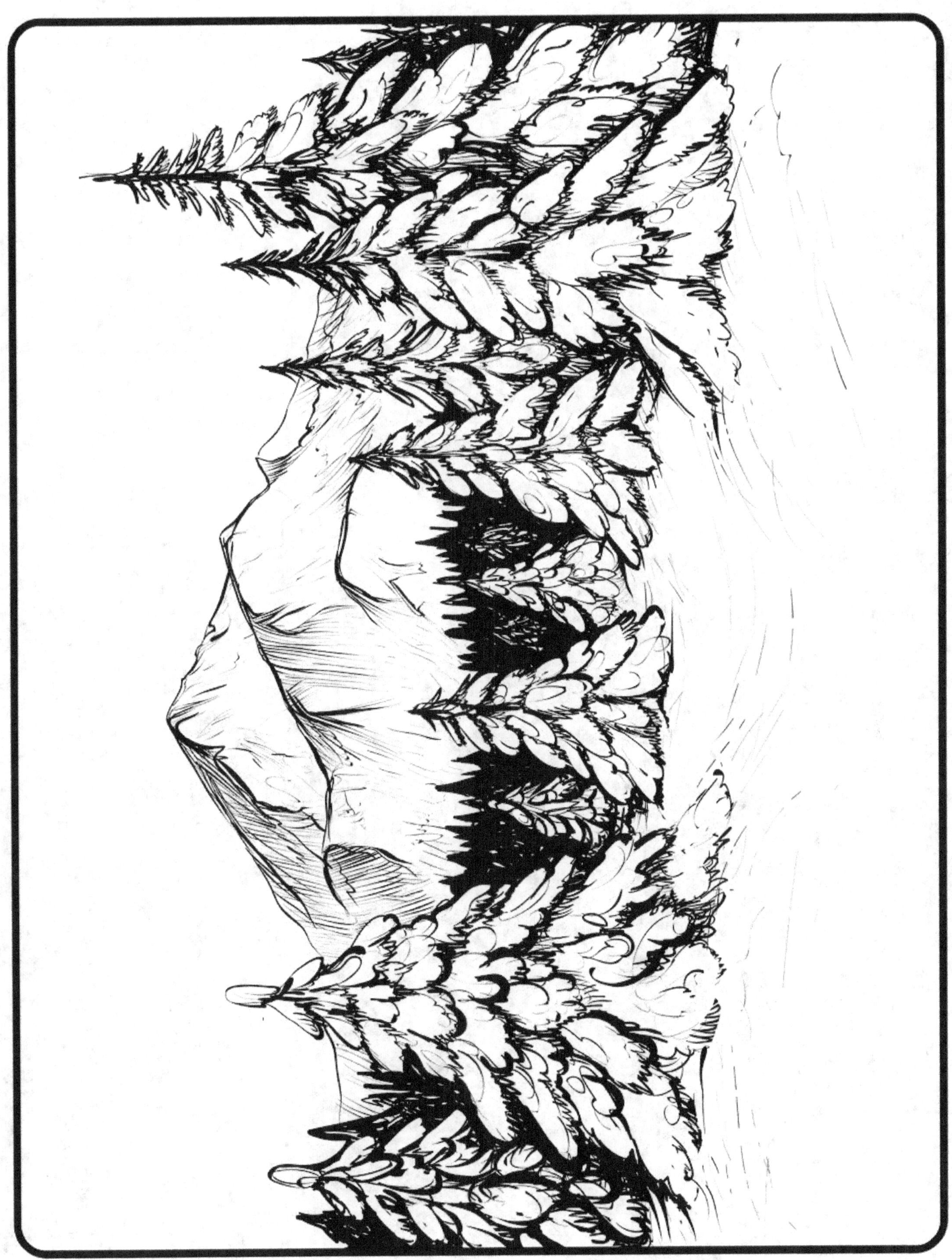

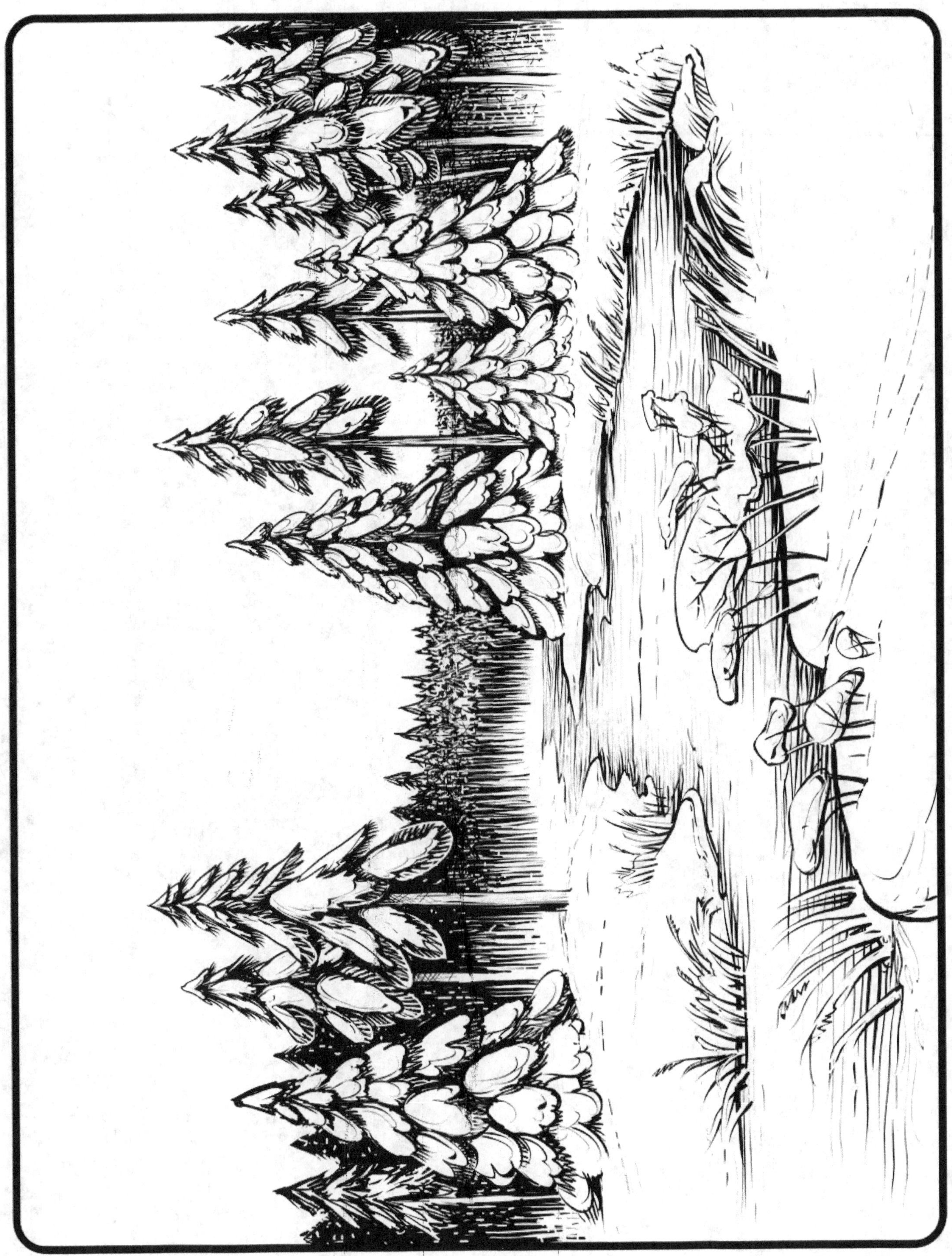

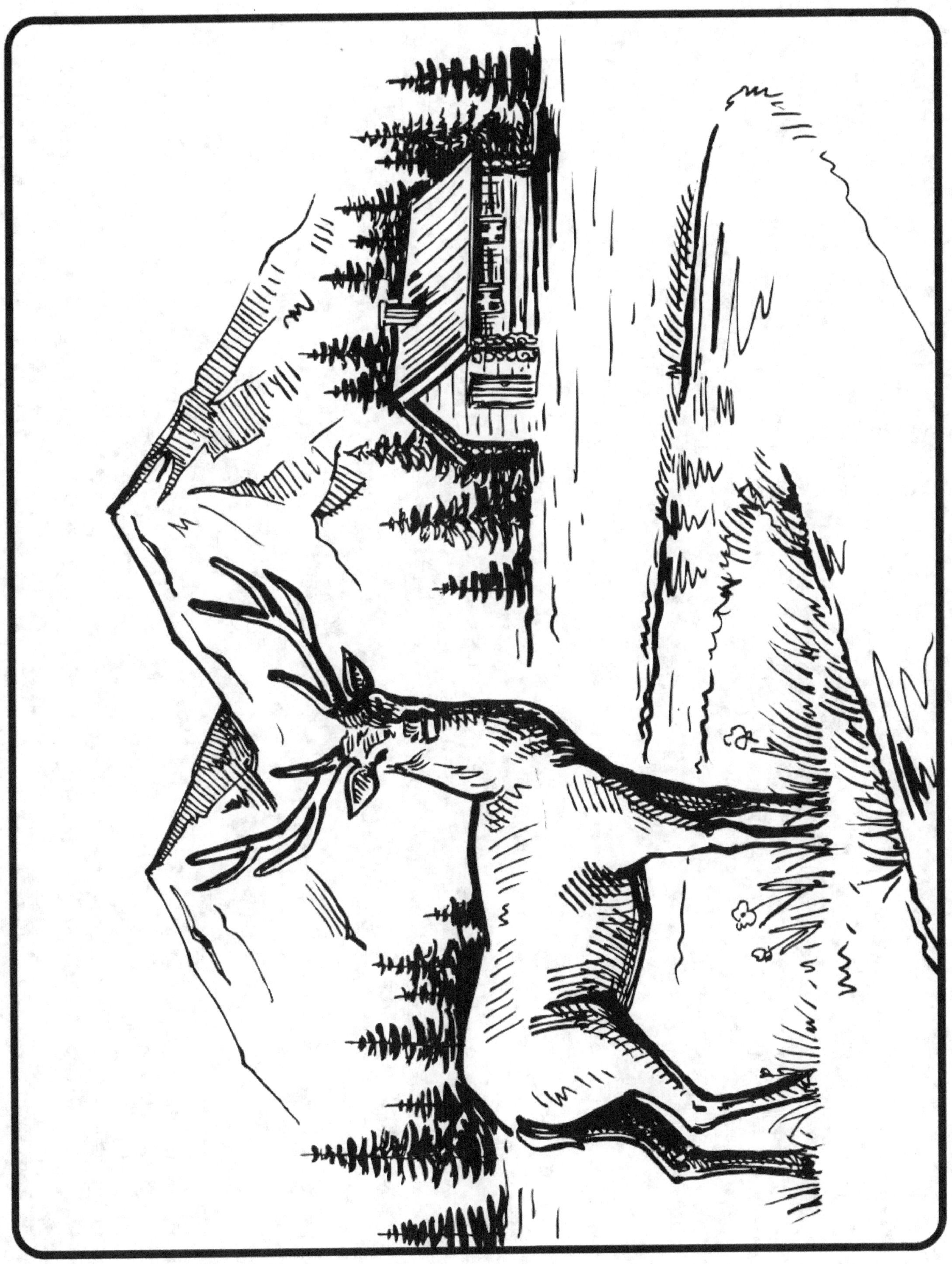

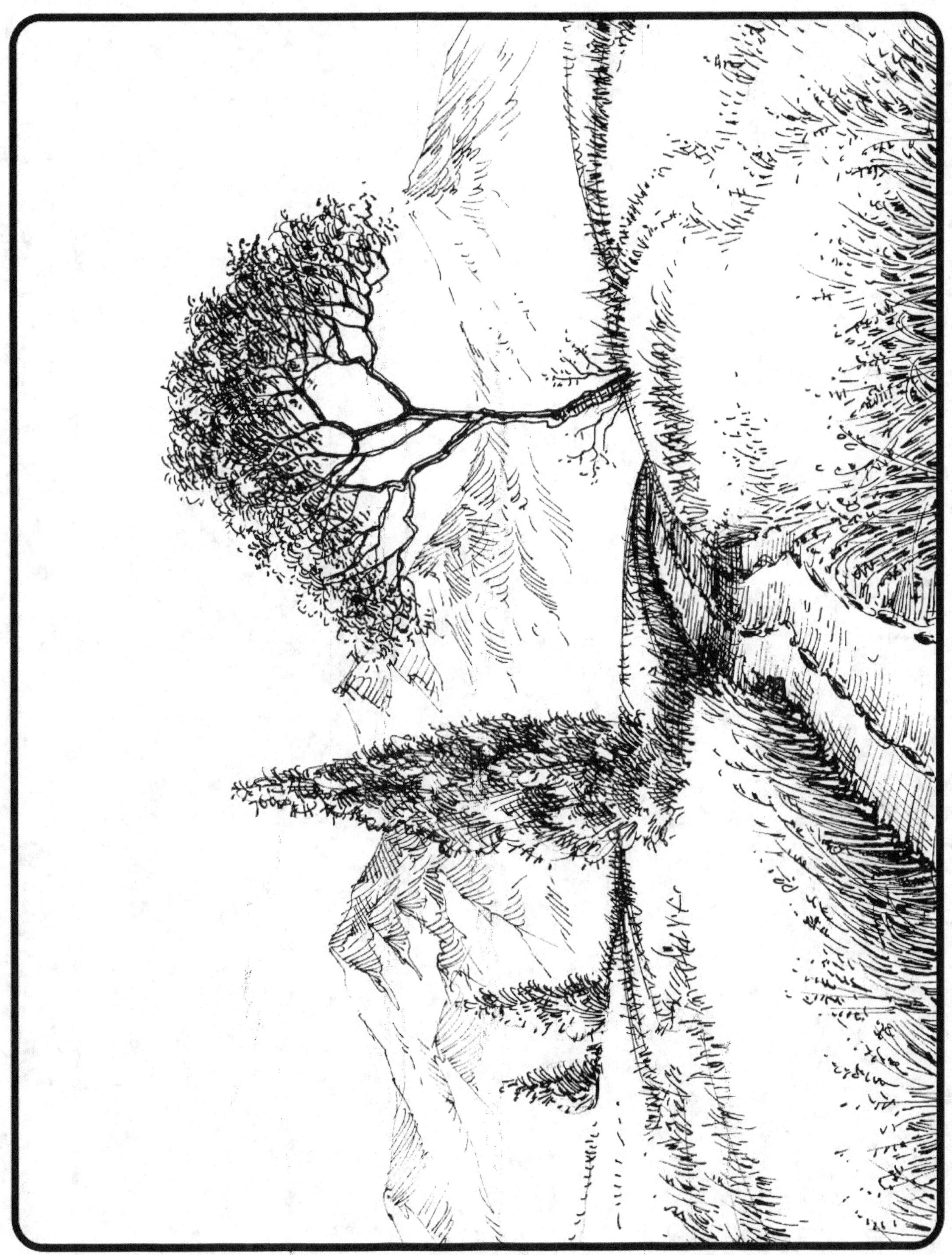

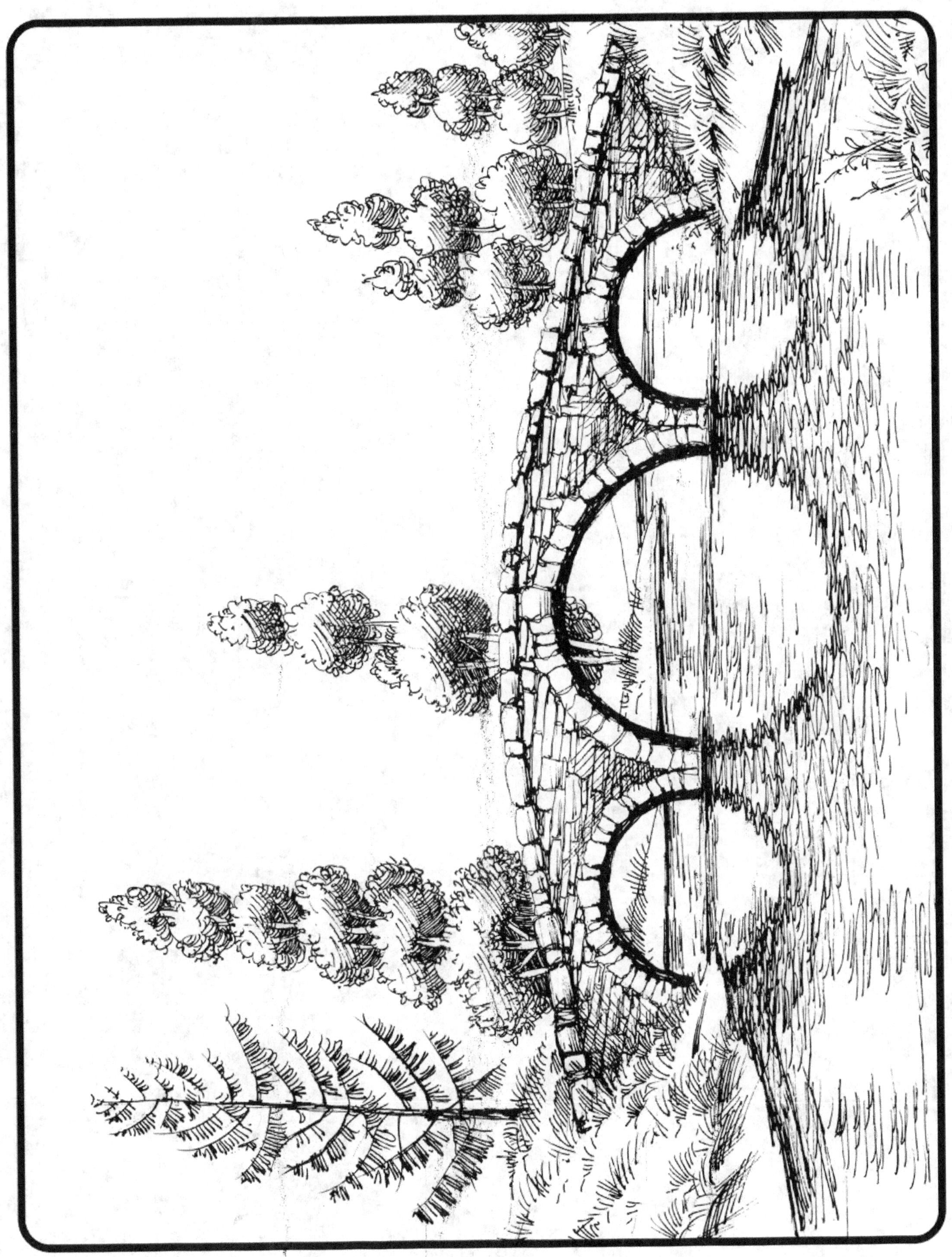

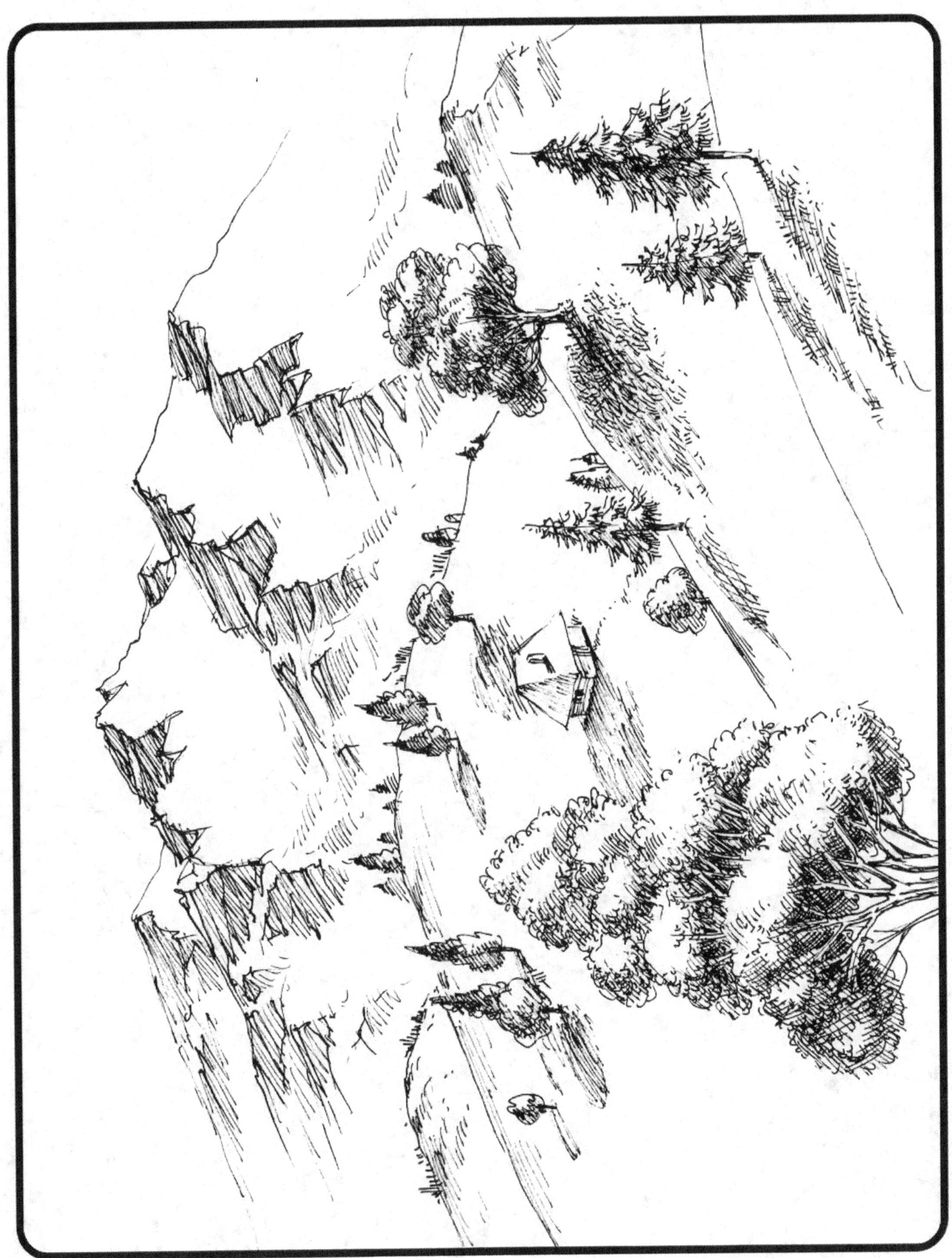

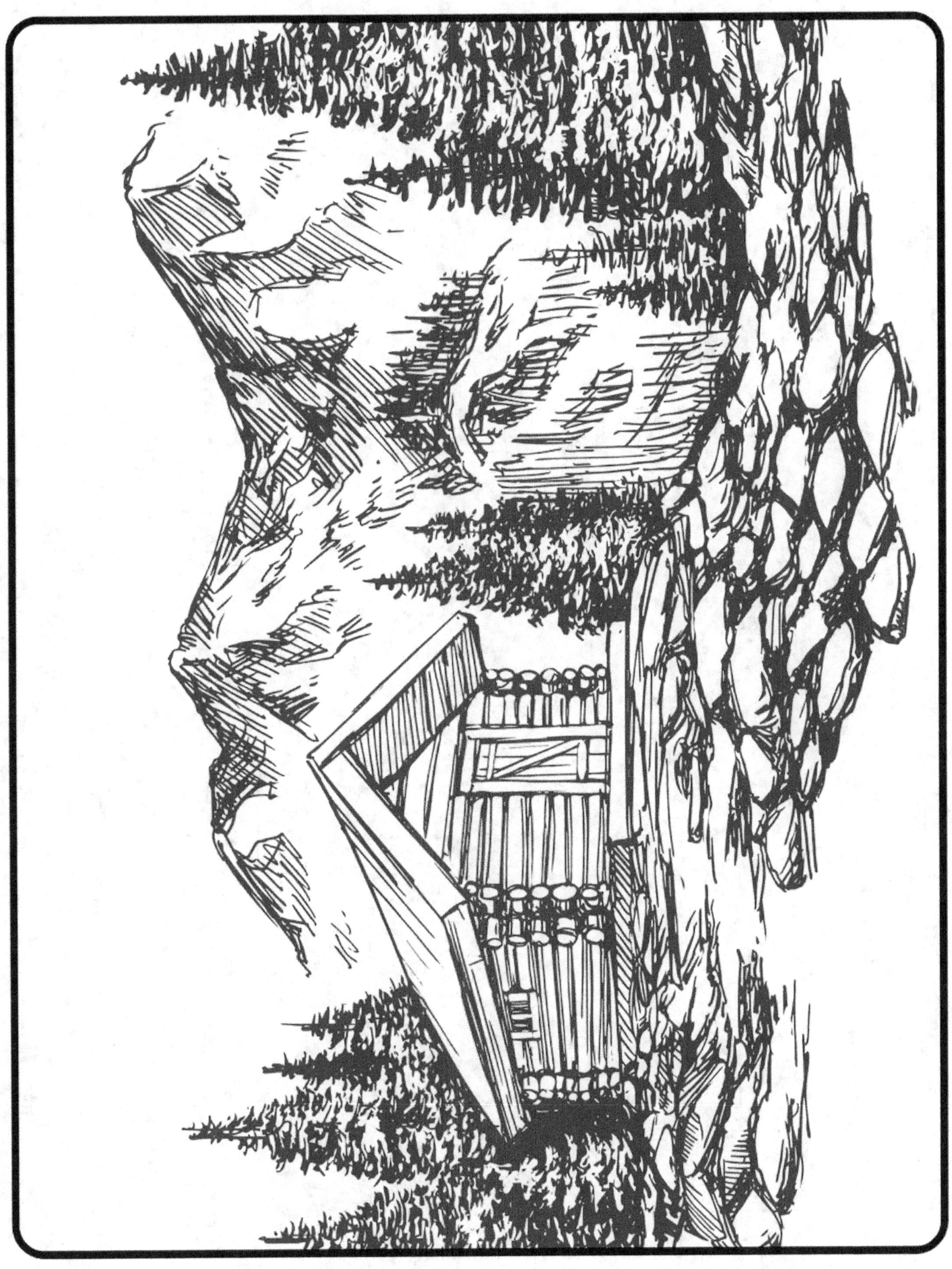

Vielen Dank für den Kauf dieses Buches

Wenn Ihnen das Buch gefallen hat,
hinterlassen Sie bitte eine Meinung
Es wird dem Autor helfen,
in Zukunft bessere Bücher zu erstellen

www.amazon.de/Katrin-Stark

QR CODE